Mi gran jardín

La ardilla

Lola M. Schaefer

Traducción de Paul Osborn

Heinemann Library
Chicago, Illinois

Customer Service 888-454-2279
Visit our website at www.heinemannlibrary.com

Designed by Kim Kovalick, Heinemann Library; Page layout by Que-Net Media
Printed and bound in China by South China Printing Company Limited.
Photo research by Bill Broyles

08 07 06 05 04
10 9 8 7 6 5 4 3 2 1

Library of Congress Cataloging-in-Publication Data
Schaefer, Lola M., 1950-
[Squirrels. Spanish]
    La ardilla/Lola M. Schaefer; traducción de Paul Osborn
    p. cm.—(Mi gran jardín)
        ISBN 1-4034- 5750-6(hc), 1-4034-5764-6 (pbk)
1. Squirrels—Juvenile literature, I. Title.
QL737. R68S3318 2004
599.36—dc22

                              2004042491

Acknowledgments
The author and publishers are grateful to the following for permission to reproduce copyright material:
p. 4 Martin Jones/Corbis; p. 5 Bruce Coleman Inc.; p. 6 John Gerlach/DRK Photo; pp. 7, 12, 22, 24 Stephen J. Krasemann/DRK Photo; p. 8 S. Nielsen/DRK Photo; p. 9 Raymond Gehman/Corbis; pp. 10, 13, 18 Wayne Lankinen/DRK Photo; p. 11 Andrew Cooper/Naturepl.com; p. 14 John Hawkins/Frank Lane Picture Agency/Corbis; p. 15 John Cancalosi/DRK Photo; p. 16 Tom Walker/Visuals Unlimited; p. 17 Paul McCormick/The Image Bank/Getty Images; p. 19 Mark Wilson/Reuters/Corbis; p. 20 Michael S. Yamashita/Corbis; p. 21 W. Perry Conway/Corbis; p. 23 (t-b) Corbis, Stephen J. Krasemann/DRK Photo, Corbis, Corbis, Wayne Lankinen/DRK Photo; back cover (l-r) Corbis, Stephen J. Krasemann/DRK Photo

Cover photograph by Stephen J. Krasemann/DRK Photo

Special thanks to our bilingual advisory panel for their help in the preparation of this book:

Aurora Colón García
Literacy Specialist
Northside Independent School District
San Antonio, TX

Leah Radinsky
Bilingual Teacher
Inter-American Magnet School
Chicago, IL

Contenido

Unas palabras están en negrita, **así**.
Las encontrarás en el glosario en fotos de la página 23.

¿Hay ardillas en tu jardín?

Puede que veas una ardilla en tu jardín.

Viven en todas partes del mundo.

Las ardillas viven en el campo y en las ciudades.

Viven en **bosques** y en parques.

¿Qué es una ardilla?

La ardilla es **mamífero**.

Su cuerpo está cubierto de pelo.

La ardilla es de sangre caliente.

Su cuerpo siempre se mantiene a la misma temperatura.

¿Cómo se ve la ardilla?

El cuerpo de la ardilla tiene forma de tubo.

Tiene la cabeza redonda y los ojos grandes.

La ardilla tiene la cola larga
y peluda.

Su pelo puede ser rojo, café,
negro o gris.

¿Qué tamaño tiene la ardilla?

La ardilla adulta es tan larga como el brazo de un hombre.

Su cola peluda forma la mitad de su tamaño.

Las ardillas más grandes son
del tamaño de un gato.

Las más pequeñas son del tamaño
de un ratón.

¿Qué sientes al tocar una ardilla?

garras

El pelo de la ardilla es suave y calientito.

Las **garras** de sus pezuñas son puntiagudas.

bigotes

La cola de la ardilla es gruesa
y esponjosa.

Sus **bigotes** pequeñitos son tiesos
y lisos.

¿Qué come la ardilla?

La ardilla come maíz, moras y manzanas.

También come insectos y caracoles.

Le gustan mucho las nueces y las **bellotas**.

Puede que las ardillas encuentren comida en tu jardín.

¿Qué tiene de especial la ardilla?

La cola de la ardilla le ayuda a correr, saltar y trepar.

Cuando nada, su cola funciona como vela.

Los dientes delanteros de la ardilla crecen constantemente.

Al roer, éstos se mantienen desgastados.

¿Cómo se protege la ardilla?

Para protegerse, la ardilla corre o se esconde.

Se esconde en los huecos de los arboles o debajo de la tierra.

La ardilla siempre está alerta
al peligro.

Trepa a los árboles para escaparse
de los enemigos.

¿Es peligrosa la ardilla?

La ardilla puede ser peligrosa para las personas pero, por lo general, trata de huir.

Nunca debes perseguir o tocar una ardilla.

Para protegerse, puede morderte.

Prueba

¿Cómo se llaman estas partes de la ardilla?

?

?   **?**   **?**

Glosario en fotos

bellota
página 15
nuez del roble

garra
página 12
uña puntiaguda en la pezuña
de un animal

bosque
página 5
gran extensión de tierra con muchos
árboles y arbustos

mamífero
página 6
animal de sangre caliente, cubierto de
pelo, que produce leche para sus crías

bigotes
página 13
pelos largos y delgados que crecen
cerca del hocico de los animales

Nota a padres y maestros

Leer para buscar información es un aspecto importante del desarrollo de la lectoescritura. El aprendizaje empieza con una pregunta. Si usted alienta a los niños a hacerse preguntas sobre el mundo que los rodea, los ayudará a verse como investigadores. Cada capítulo de este libro empieza con una pregunta. Lean la pregunta juntos, miren las fotos y traten de contestar la pregunta. Después, lean y comprueben si sus predicciones son correctas. Piensen en otras preguntas sobre el tema y comenten dónde pueden buscar las respuestas.

 ¡PRECAUCIÓN!

Recuérdeles a los niños que no deben tocar animales silvestres. Los niños deben lavarse las manos con agua y jabón después de tocar cualquier animal.

Índice

Respuesta a la prueba

cola

dientes   bigotes   garras